AF595233

LIVRETS D'ENCOURAGEMENT

AU TRAVAIL

ET A LA VERTU.

ÉMILE ET ÉDOUARD.

LILLE.
L. LEFORT, IMPRIMEUR-LIBRAIRE.
PARIS.

Ad. [illegible] et C.ie, imp.-lib. rue Cassette, 29.	Isidore Pesron, libraire, rue Pavée, 13.

HISTOIRE

D'ÉMILE ET D'ÉDOUARD.

Quelle surprise est la sienne lorsqu'il se trouve devant son frère !

HISTOIRE D'ÉMILE ET D'ÉDOUARD.

ÉMILE et Édouard, âgés l'un de dix ans, l'autre de sept, eurent le malheur de perdre presque à la fois leur père et leur mère à la fin de l'hiver de 1783. Ils n'avaient pas de succession à partager ; le travail de leur père avait rigoureusement suffi aux besoins de la petite famille, et l'ordre et l'économie de leur mère qui avaient pu éloigner la pauvreté, n'avaient pu procurer l'aisance. Au moment de leur mort, deux termes de loyer et quelques petites dettes, produites surtout par la dureté de la saison et par les dernières maladies, absorbèrent le peu qu'ils auraient pu laisser à leurs enfants.

Ces deux petits malheureux restaient donc sans ressources au milieu de Paris, où, malgré tous les soins de la charité, tant de misères demeurent inconnues et délaissées ; mais Dieu, qui est le père des orphelins, ne les abandonna pas. M. Dupré, frère de leur père, recueillit Émile, l'aîné de ses neveux, et M. d'Harcourt, ancien ami de la famille, se chargea de l'éducation d'Édouard.

M. Dupré, veuf et sans enfants, possédait une fortune assez considérable, dont il jouissait à Paris, sans avarice ni prodigalité. Doué d'un naturel tranquille, exempt de passions vives, porté à obliger ses amis, joignant à une instruction variée plutôt que solide un commerce de vie doux et agréable, il ne lui manquait qu'un point, mais un point essentiel, la connaissance et la pratique de la religion.

Lié depuis sa jeunesse avec quelques-uns des chefs du parti philosophique, il avait embrassé leurs opinions, et les avait même soutenues dans quelques ouvrages d'abord applaudis, bientôt après totalement oubliés, mais qui avaient produit une sorte d'engagement d'amour-propre bien difficile à rompre, surtout pour un homme de son caractère. Tel fut le père adoptif d'Émile; celui d'Édouard était bien différent.

Beaucoup moins favorisé de la fortune, mais en réalité plus heureux, M. d'Harcourt s'était retiré depuis longtemps dans une petite propriété qu'il avait acquise à une vingtaine de lieues de la capitale. Loin des plaisirs bruyants du monde, il trouvait les siens à soulager les malheureux : il leur procurait tous les secours qui étaient en son pouvoir; il leur apprenait à supporter leurs peines, il leur faisait connaître la source précieuse où il avait trouvé lui-même de vraies consolations dans ses malheurs.

Autrefois père d'une famille chérie, il avait vu périr, dans l'espace de deux années, son épouse et ses trois enfants. Frappé aussi cruellement dans ses affections les plus tendres, il avait senti vivement le néant du bonheur de la vie et la nécessité d'en mériter un plus solide et plus durable : une étude approfondie de la religion l'y avait attaché plus fortement encore, et toute sa conduite était fondée sur la conviction intime qu'il avait acquise de sa divinité.

La différence entre ces deux personnages dut naturellement en produire une semblable entre les deux enfants qu'ils avaient adoptés. Émile s'accoutuma donc à regarder la religion comme une invention purement humaine, bonne à ceux qui ont besoin d'être encouragés pour faire le bien ou retenus par la crainte d'un juge suprême, mais inutile à celui dont la raison éclairée trouve en lui-même assez de droiture et de force pour connaître et pratiquer la vertu.

Édouard, au contraire, apprit dès l'enfance à voir dans la religion une institution divine, seul moyen de conduire à un bonheur véritable, et seule base solide de toute vraie vertu. Il s'habitua à régler d'après ses maximes tous ses jugements et toutes ses démarches, dirigé en cela par les excellentes leçons de M. d'Harcourt, et plus encore par ses exemples.

Depuis près de douze ans, les deux frères étaient séparés, et vivaient fort isolés l'un de l'autre, lorsque de nouveaux malheurs amenèrent leur réunion. La révolution, qui avait troublé toutes les affaires publiques, porta bientôt la désolation jusque dans la demeure paisible de M. d'Harcourt, suspect de n'avoir pas des sentiments assez conformes à l'ordre de choses alors établi, et dénoncé par quelques-uns de ceux à qui il avait rendu les plus grands services ; il fut arrêté et conduit dans l'une de ces prisons d'où l'on ne sortait que pour aller à l'échafaud.

Il eut le temps d'écrire à M. Dupré, et lui recommanda instamment le malheureux Édouard, devenu orphelin pour la seconde fois.

M. Dupré, naturellement généreux, et d'ailleurs assez riche pour ne pas craindre un léger surcroît de dépenses, reçut très-bien son neveu, et Édouard sentit alléger sa douleur par le plaisir de voir un frère qu'il aimait sans le connaître : mais ils ne tardèrent pas à s'apercevoir que la différence de leur éducation était un grand obstacle à une liaison bien intime. Émile, accoutumé à plaisanter des pratiques de la religion et à tourner en ridicule ceux qui les observaient, ne pouvait souffrir en son frère ce qu'il traitait de petitesses et de minuties.

Dans la conduite d'Édouard, tout était censuré : sa délicatesse dans les affaires était une simplicité poussée à l'excès ; ses prévenances, de l'affectation ; sa douceur, de l'hypocrisie. Ces reproches étaient faits le plus souvent en présence de M. Dupré, qui presque toujours le soutenait ; alors Émile joignait à ces paroles de prétendus raisonnements auxquels son âge et son autorité semblaient devoir donner bien plus de poids. Il fallut toute la vertu d'Édouard pour ne pas se laisser ébranler et pour conserver envers son oncle le respect le plus soutenu, sans jamais montrer la moindre faiblesse.

Cette épreuve dura deux ans, au bout desquels M. Dupré tomba malade. Une affaire importante pour lui et très-délicate exigeait alors sa présence dans une ville assez éloignée. Ne pouvant faire le voyage lui-même, il devait se faire remplacer par une personne sûre et en qui il eût autant de confiance qu'en lui-même. Il jeta les yeux sur l'un de ses neveux ; mais, par un de ces traits qui montrent à découvert toute l'estime intérieure que conservent pour la religion ceux mêmes qui l'attaquent sans cesse, ce dont, au reste, les exemples ne sont pas rares, malgré son amitié pour Émile, il donna, en cette occasion, toute sa confiance à son frère ; et ce fut Édouard qu'il choisit pour être le dépositaire de ses secrets et le gérant de ses intérêts les plus chers.

Émile, accoutumé à regarder son frère comme un petit esprit, incapable d'entrer en rien en comparaison avec lui, commença dès lors à le regarder comme un rival qui pouvait devenir dangereux. Il avait jusque-là affecté de le mépriser, il commença à le haïr ; et cette disposition de son cœur ne tarda pas à leur être à tous deux bien funeste.

La maladie de M. Dupré prenait un caractère plus grave ; les médecins annonçaient des inquiétudes ; de funestes symptômes se manifestaient ; lui-même sentait sa fin prochaine. Près de ses derniers moments, voyant son neveu seul près de son lit, il lui adressa ces paroles :

« Mon cher Émile, tu sais avec quel soin j'ai veillé sur ton enfance ; je t'ai toujours aimé comme comme fils, et même j'avais fait mes dispositions de telle sorte que tu fusses l'héritier de tous mes biens. Aujourd'hui, je dois me regarder comme le père de deux enfants ; et, dans le moment où ton frère me rend les plus signalés services, je ne devais pas l'oublier. Voici un nouveau testament que j'ai écrit le lendemain de son départ ; il donne à ton frère le quart de mes biens, le reste demeure à toi. Je me fie à ta probité, à ton honneur ; tu seras assez juste..... » Il s'arrêta à ces mots, perdit la parole, et commença un long et pénible combat qui ne se termina qu'à la mort.

Après les premiers moments donnés à une douleur aussi naturelle que légitime, Émile ne put se défendre d'un sentiment de dépit, à l'idée d'un partage qui lui enlevait une partie d'un bien qu'il regardait comme à lui. Tout le monde avait connu les premières intentions de son oncle ; personne ne soupçonnait qu'il y eût fait le moindre changement. C'était dans ce sens que ses amis lui parlaient ; c'était dans cette supposition qu'ils lui proposaient les arrangements qui leur paraissaient les plus convenables pour le maintien et l'augmentation de sa fortune. Une de ces propositions surtout le flattait extrêmement ; c'était l'acquisition d'une maison de commerce qu'il avait longtemps désirée, et dont son oncle l'aurait assurément mis en possession, si l'occasion s'en était présentée quelques mois plus tôt.

Que de réflexions il fit alors sur les dernières paroles de son oncle ! Quels combats il eut à soutenir ! Il sentait bien, car il est impossible d'étouffer entièrement la voix de sa conscience, il sentait bien quels devoirs elle lui imposait ; mais d'un autre côté, qu'il était triste, en diminuant ses facultés, de se trouver au-dessous des avances qu'exigeait un tel établissement ! Quel malheur de manquer une occasion aussi favorable ! Mais pourquoi ? ne pourrait-il pas d'abord se mettre en possession, d'après le premier testament, et rendre plus tard à son frère, sous un autre titre, la part dont il l'aurait frustré ?

M. Dupré s'était proposé de récompenser Édouard ; mais celui-ci, chargé d'une mission secrète, n'oublierait pas certainement, malgré tous ses beaux principes, de se récompenser lui-même. Le malade avait-il l'esprit bien entier, lorsqu'il écrivit ses dernières intentions, peu de jours avant sa mort ? Enfin, dans un moment où, seul dans son cabinet, il était ainsi agité et fatigué par une foule de pensées diverses, il se rappela, comme par inspiration, un beau principe de morale philosophique ; et, ne concevant pas comment son intérêt personnel, bien entendu, pourrait l'obliger à renoncer à un bien-être assuré, lorsqu'il pouvait, sans le moindre soupçon, anéantir le seul obstacle qui s'y opposât, il prit brusquement sa décision, et, en une minute, la fatal testament disparut dans les flammes.

Ici, mes enfants, vous le condamnez sévèrement sans doute ; je dois vous dire que depuis il s'est condamné aussi sévèrement lui-même. Plus d'une fois il m'a raconté en gémissant cette circonstance pénible de sa vie. Mais n'oubliez pas, me disait-il alors, n'oubliez pas quels étaient les principes qui me guidaient. Sans crainte des jugements de Dieu, dans la persuasion qu'il ne s'inquiète pas des actions des hommes, je ne pouvais voir dans la vertu, qu'un mot ; dans la conscience, qu'un préjugé : et je conçois difficilement qu'un homme se trouvant dans les mêmes circonstances, et n'étant pas soutenu par d'autres motifs, puisse agir d'une autre manière ; ou bien alors il n'agirait pas conformément à sa doctrine, et découvrirait en lui une autre croyance plus forte, qu'il n'aurait pas entièrement abjurée, et qui le dirigerait encore à son insu.

Un crime conduit bientôt à un autre. Il fallut justifier du premier testament de M. Dupré. Avant de terminer l'inventaire de ses papiers, on exigea d'Émile le serment que rien n'avait été soustrait ni enlevé, à son ordre, ni à sa connaissance. Pouvait-il s'y refuser ? Celui qui ne croit pas aux jugements de Dieu, ne recule pas devant un parjure.

Un mois après fut le terme du voyage d'Édouard. Chargé d'une affaire qui intéressait à la fois l'honneur et la fortune de M. Dupré, il avait sauvé l'un et l'autre par son zèle et par sa prudence. Sans faire la moindre plainte de l'oubli dont il croyait être la victime, il rendit à son frère un compte aussi détaillé qu'il aurait pu le rendre à son oncle lui-même. Émile vit avec quelle facilité son frère l'aurait pu tromper, et plus d'une fois il fut couvert de confusion à ses propres yeux, en comparant cette délicatesse de conscience, avec la perfidie dont il se sentait coupable.

Il venait de faire cette acquisition qui avait été l'objet de tous ses désirs, et il lui fallait un premier commis d'une fidélité à toute épreuve. Cet emploi devait naturellement revenir à Édouard, et Émile ne put le lui refuser; mais ce ne fut qu'avec peine qu'il le vit dans sa maison. Sa conduite si régulière le gênait; sa vue même lui était à charge. D'autres employés, trop bien surveillés par lui, cherchèrent à inspirer des soupçons et des défiances. Ils y réussirent facilement. Quelques pertes inévitables lui furent imputées; on le rendit responsable des suites d'une négligence qui n'était pas la sienne. Bref, au bout de six mois, il lui fallut comprendre qu'il ne pouvait demeurer dans la maison de son frère ; il reçut ses appointements, et Émile eut la cruauté de le laisser partir.

Il est une providence à laquelle rien n'échappe, et qui ne laisse point le crime impuni. Heureux ceux qui, comme Émile, sont avertis par les malheurs passagers de cette vie, et ramenés au repentir !

Sa fortune fut loin de s'améliorer après le départ de son frère. Ceux qui avaient cherché à l'éloigner, ne manquèrent pas de profiter de son absence, et, plus d'une fois, les affaires de la maison souffrirent de leur négligence et de leur mauvaise foi. D'un autre côté, les entreprises ne furent pas toujours heureuses ; plusieurs années funestes se suivirent, plusieurs négociants firent banqueroute ; et, comme ces malheurs étaient loin d'être réparés par une sage administration intérieure dans la maison, le triste moment vint où l'on put entrevoir sa ruine prochaine.

N'étant plus retenu par les exemples d'Édouard, qui lui en avaient toujours imposé un peu plus qu'il n'en voulait convenir, Émile se laissa facilement entraîner par ses faux amis ; et, des plaisirs du monde par lesquels il cherchait à s'étourdir plutôt qu'à se consoler, il se précipita bientôt dans tous les vices.

Et comment aurait-il pu s'arrêter sur un chemin aussi glissant? Les noms d'honneur et de vertu, on ne saurait trop le redire, séparés de la croyance d'un juge suprême, ne sont plus que des mots qui ne représentent aucune réalité. Ils peuvent tout au plus empêcher les crimes qui déshonoreraient un homme aux yeux de ses semblables ; mais la seule règle de conduite étant alors le jugement de ceux avec lesquels on vit, on se regarde facilement comme permis tout ce qu'ils se permettent eux-mêmes. On ne s'étonnera donc pas de voir Émile, livré à une société telle que celle qu'il s'était faite, descendre jusqu'à de grands désordres, et, après plusieurs intrigues, qui toutes tournèrent à son désavantage, en venir au point de chercher à réparer sa fortune dans les maisons de jeu, où il ne trouva au contraire que la misère et le désespoir.

Il se vit contraint alors de quitter une ville qui ne lui rappelait que de tristes et humiliants souvenirs, et d'aller chercher ailleurs un séjour où il pût cacher sa honte, et trouver dans un état bien inférieur à celui dont il avait joui d'abord, ou même dans la charité publique, quelque adoucissement à ses maux.

Bien différente avait été la conduite, et bien différent aussi était le sort du sage Édouard. Rebuté d'abord de l'injustice et de la dureté des hommes, il avait été sur le point de s'abandonner au découragement; mais bientôt, rappelant à son esprit cette pensée qu'une providence divine veillait sur lui, et que tous les évènements de sa vie avaient été ménagés par elle, il avait repris un peu d'espoir. Résolu de s'éloigner du séjour de son frère, il s'adressa à un négociant d'une des villes du Midi qui se trouvait à Paris pour quelques jours, et lui offrit ses services. Celui-ci accepta, et ils partirent ensemble.

La vraie vertu ne manque jamais de gagner l'estime et la confiance. Édouard ne tarda pas à l'éprouver. Il devint bientôt cher à M. Dubois, qui ne balançait pas à lui confier les affaires les plus importantes, et qui, du reste, n'avait jamais lieu de s'en repentir. Il fut chargé de gérer quelques affaires dans les colonies, et pendant deux ans qu'il y demeura, il montra le même zèle et la même intégrité, et obtint aussi les mêmes succès. A son retour, une circonstance se présenta qui le fait trop bien connaître, et met trop en évidence les beaux sentiments de son cœur pour que je puisse me résoudre à ne pas la rapporter.

La jalousie, passion basse et indigne, qui s'attaque toujours au mérite, lui avait fait un ennemi dans la maison de M. Dubois; et cet ennemi avait cherché à profiter de l'absence d'Édouard pour le perdre. Faux rapports, odieuses accusations, trames perfides, rien n'avait été oublié pour jeter des doutes sur sa fidélité, et le faire passer pour un fourbe plus adroit que les autres, et d'autant plus dangereux qu'il se couvrait des dehors de la probité et de la religion.

Mais toutes ces intrigues étaient retombées sur la tête du calomniateur. M. Dubois étonné un instant et presque séduit, n'avait pas tardé à reconnaître de quel côté était la perfidie; et le coupable, démasqué, avait mis fin à sa vie par un nouveau crime, laissant sans ressource sa femme et deux enfants dont son emploi était l'unique soutien. Édouard, apprenant tous ces malheurs à son arrivée, donne à son ennemi des larmes sincères, et trouvant une occasion de se venger en chrétien, il se déclare l'appui de la veuve et des orphelins, et consacre une partie des revenus de sa place à leur assurer une existence. Touché d'une telle noblesse de sentiments, M. Dubois ne balança pas à faire entrer Édouard dans sa famille. Il lui fit épouser sa fille, lui céda entièrement son commerce, et se retira dans une maison de campagne voisine, pour y jouir du repos si précieux après une vie laborieuse et agitée.

Émile cependant ignorait toujours ce qu'était devenu son frère; et avec quelle amertume ne se reprochait-il pas sa conduite injuste et cruelle. Il en comprenait l'indignité, depuis que lui-même était obligé de chercher une place chez un étranger, et de gagner par un travail pénible et soutenu une rétribution bien modique. Il le sentit bien plus vivement encore, lorsque, après plusieurs années passées dans une maison, il se vit à son tour la victime d'une injustice semblable, obligé encore de chercher avec anxiété un nouvel emploi.

Il apprit par un journal qu'une place de premier commis était vacante, dans une riche maison ; il écrivit pour la demander, et reçut une réponse favorable. Le nom de M. Dubois, que cette maison portait encore généralement, aurait suffi pour écarter des soupçons qui d'ailleurs étaient bien loin de sa pensée. Il se hâte de partir, arrive, demande à être introduit devant le chef de la maison...... Mais quelle surprise est la sienne, lorsqu'il se trouve devant son frère !

L'humiliation et la crainte qu'il en éprouva, furent si grandes, qu'il ne put proférer une seule parole.

Édouard ne l'avait pas fait venir pour jouir de son embarras. Il se hâta d'y mettre fin, et sa conduite, en cette occasion, ne démentit en rien son noble caractère. Émile, admis dans sa famille, put apprendre par lui-même ce que c'est qu'une maison vraiment chrétienne. Touché du spectacle des vertus qu'il avait sans cesse sous les yeux, il voulut étudier cette religion qui les inspire. A mesure qu'il la connut, ses anciennes préventions se dissipèrent ; il s'y attacha sincèrement, et devint un de ses fidèles disciples. Elle fait aujourd'hui son bonheur, comme celui d'Édouard ; car si elle assure à la vertu les récompenses les plus douces, elle a aussi des consolations pour le repentir.

PEU D'HOMMES

SAVENT ÊTRE HEUREUX.

—

Un grand prince, encore fort jeune, aimait à se promener seul dans les endroits écartés, et surtout sans aucun appareil qui pût le faire reconnaître. Dans une de ses excursions, il rencontra un jour sur le bord d'un côteau un pâtre entouré de sa femme et de ses trois enfants. L'homme était dans la vigueur de l'âge ; la joie respirait sur son front brûlé du soleil ; sa compagne annonçait la même gaîté, et, se jouant autour d'eux sur le gazon, leurs enfants, vermeils de santé, paraissaient partager le même contentement. Quel spectacle pour une âme sensible ! et celle du prince n'avait encore rien perdu de cette délicatesse que l'âge et les mauvais penchants ne viennent que trop tôt émousser.

« Mes amis, leur dit-il en les abordant, vous me paraissez être heureux.

— Oh ! répondit le berger, il n'y a point dans le royaume d'homme qui le soit plus que moi. J'ai une femme que j'aime et qui m'aime bien aussi ; des enfants qui me sont également chers, et qui, vous le voyez, promettent une belle venüe : ce sont là toutes mes richesses, il est vrai ; mais, grâce au ciel, je jouis d'une bonne santé. Nous travaillons tous, et nos enfants commencent déjà à nous prêter la main. Le morceau de pain que nous mangeons est quelquefois trempé de nos sueurs, mais ça ne lui donne qu'un meilleur goût ; comme nous l'avons gagné honnêtement, il ne nous coûte aucun reproche : et puis aussi quel mets vaut l'appétit ?

— Cependant, continua le prince, il me semble que votre position, si voisine du besoin, doit vous laisser beaucoup de choses à désirer.

— Oh ! quant à ça ; s'il ne s'agissait que de désirer, je ne serais pas embarrassé ; mais, voyez-vous, comme ça ne pourrait que nous dégoûter de notre état, en nous faisant penser à un autre plus doux, il vaut mieux nous contenter de ce que nous avons, et nous arranger pour en faire assez.

— Mais une telle indifférence est bien difficile.

— Indifférence ! vous dites : oh ! vous n'y êtes pas du tout. Notre curé appelle ça de la résignation, et il s'y entend aussi bien que vous, notre curé ! C'est un homme qui a un talent très-considérable pour la prédication. C'est de lui que je tiens cette maxime-là, et je m'en suis toujours bien trouvé.

— Cependant, si un homme riche voulait augmenter votre bonheur en vous donnant ce que vous pourriez désirer, vous sauriez sans doute que lui demander.

— Oh ! dans ce cas-là, certainement ; on ne refuse pas un bien qui vient ainsi vous trouver.

— Eh bien ! voyons ; que demanderiez-vous ? Si vos désirs n'excèdent pas mes moyens, je me ferai un plaisir de les satisfaire. »

Il n'est pas besoin de dire les grands yeux que cette offre fit ouvrir au pâtre ; il crut d'abord que le monsieur voulait se moquer de lui ; mais quand il eut reconnu que sa proposition était sérieuse, il se recueillit un moment en lui-même, et dit ensuite :

« Si j'avais seulement dix pièces d'or, j'aurais tout ce que je puis souhaiter aujourd'hui : j'achetterais avec cette somme une petite maison pour loger ma femme et mes enfants, et environ un arpent de terrain, et, après cela, je pourrais mourir sans inquiétude, car je laisserais ma pauvre famille à son aise. »

Le prince lui en donna cinquante, et, après un moment d'entretien encore avec le pâtre et sa femme, il les quitta, promettant de venir les revoir bientôt.

Mais cinq ans se passèrent sans qu'il pût remplir ses promesses ; au bout de ce temps, il fut curieux de savoir ce qu'était devenu son protégé, et de voir quel emploi il avait fait de sa fortune : il s'achemina donc, et encore sans suite, vers la montagne où il l'avait laissé ; ne l'y trouvant pas, il poursuivit sa route jusqu'au prochain village, et la première personne qu'il rencontra fut l'ancien pâtre. Mais quel changement funeste s'était opéré en lui ! Cet air de joie et de contentement que le prince avait autrefois admiré en lui était remplacé par une figure chagrine et soucieuse. Occupé alors à gronder un domestique, ses yeux étincelaient de colère, tous ses membres étaient comme agités de mouvements convulsifs, et les reproches qu'il lui adressait annonçaient la plus violente fureur. Lorsqu'il eut enfin terminé, le prince s'approcha de lui, et s'en fit reconnaître.

« Ah! monsieur, lui dit ce malheureux, vous avez fait ma fortune, il est vrai, et je vous en dois de la reconnaissance, car vos intentions étaient bonnes; mais, en gagnant des richesses, j'ai perdu mon bonheur. » Comme il était alors près de sa ferme, il proposa à son bienfaiteur d'y entrer; et son offre ayant été acceptée, le prince, qui espérait trouver dans cette histoire d'utiles enseignements, le pria de lui dire ce qu'il avait fait depuis qu'ils s'étaient rencontrés sur la montagne.

« J'ai fait, lui répondit Jacques Flamel (c'était le nom de l'ancien pâtre), ce que bien d'autres eussent également fait en ma place : me voyant sur la route de la fortune, j'ai voulu en profiter. Aussi longtemps que, fidèle à mes anciennes habitudes, j'ai su rester modéré dans mes désirs, je n'ai eu qu'à me louer de mon sort; mes petites affaires s'amélioraient insensiblement, et je jouissais en paix de vos bontés et du fruit de mon travail. Mais l'appétit me vint en mangeant : les douceurs de ma nouvelle aisance me firent envier les jouissances de la richesse, et, dès ce moment, tout mon bonheur s'évanouit comme un songe. Uniquement possédé du désir de gagner de l'argent, je devins insensible à toute autre pensée et à tout autre plaisir : ma position, déjà si supérieure à tout ce que j'eusse pu désirer, il y avait peu d'années encore, n'excitait plus que mon dégoût, lorsque je la comparais à celle que j'ambitionnais de réaliser; les caresses elles-mêmes de ma femme et de mes enfants avaient perdu pour moi tous leurs charmes; plus de ces doux entretiens, plus de ces agréables moments de repos qui fortifient le corps en récréant l'esprit ; plus de ces pensées consolantes d'un autre monde, qui nous adoucissent si merveilleusement les peines de celui-ci ; mon cœur était devenu aussi dur et aussi insensible que cet argent dont il se faisait comme un dieu. Au travail tout le jour, et souvent une partie de la nuit, à force d'activité, et secondé aussi par des circonstances heureuses, je voyais chaque année ma fortune s'augmenter ; mais, mes désirs croissant toujours avec mes succès, plus j'avais, plus je voulais avoir ; et lorsque chacun me croyait heureux, je ne gagnais réellement, en m'enrichissant à ce prix, qu'une plus grande somme de soucis, de tracas et d'inquiétudes. Vous pouvez m'en croire, monsieur ; depuis le fatal moment où cette ambition s'est emparée de moi, je n'ai pas goûté un seul instant de paix ni de joie véritable, tels que j'en éprouvais dans mon ancien et misérable état. Aussi, vous le voyez ; jeune encore , je suis déjà usé par la fatigue , et dévoré par les chagrins ; mes forces diminuent de jour en jour , et si je n'étais retenu par la pensée de mes enfants , qui ont encore besoin de leur père , je dirais volontiers que j'espère voir arriver bientôt celui qui me rejoindra à ma pauvre Germaine.

— Comment ! s'écria le prince , vous avez perdu votre femme , si jeune et si brillante de santé , il n'y a pas de longues années encore ?

— Hélas ! oui , Monsieur , elle partagea mon erreur ; mais elle n'eut pas la même force que moi pour en supporter les conséquences ; il y a bientôt deux ans qu'elle est morte des fatigues qu'elle s'est données , et je la pleure encore comme le premier jour.

— Je vous plains de tout mon cœur , mon ami , et je me reproche presque d'être la cause innocente de vos malheurs : mais puisque vous reconnaissez enfin vos torts , il ne tient qu'à vous de les faire cesser, en renonçant à cette avidité qui vous fut si funeste. Travaillez, puisque c'est une obligation imposée à l'homme; travaillez avec courage, travaillez avec persévérance, soignez votre fortune, cherchez même à l'augmenter : tout cela n'a rien que de naturel et même de louable; mais gardez-vous bien de faire consister votre bonheur dans la possession des richesses; ce serait le mettre à un prix trop difficile à obtenir, lorsqu'il vous est possible de le réaliser à beaucoup moins de frais. Tels sont les conseils que vous donnent également la raison et la religion.

— C'est ce que je me dis moi-même, et ce que me répète tous les jours notre respectable curé; et certes, personne n'en peut apprécier plus que moi la vérité; mais j'éprouve aussi chaque jour combien il est difficile de vaincre une passion à laquelle on a laissé prendre un trop grand empire :

vous avez vous-même pu voir tout à l'heure combien j'étais encore loin d'y avoir réussi. Oh ! qu'après ces violents emportements auxquels m'ont habitué les soupçons, les méfiances et les exigences de ma cupidité, je regrette encore plus ma première misère !

— Ce n'est pas votre misère qu'il faut regretter ; la fortune n'est jamais un mal que par notre faute ; sachons en bien user, et, si elle est incapable de faire seule notre bonheur, du moins, lorsque nous ne lui accorderons que le juste degré d'importance qu'elle mérite, elle contribuera à nous rendre la vie moins pénible, ne fût-ce qu'en nous permettant la douce satisfaction de pouvoir soulager les besoins de nos semblables.

— Vous avez mille fois raison, Monsieur, lui repartit tristement le pâtre ; mais que ce conseil est difficile dans sa pratique !

— C'est une nouvelle preuve de la justice

de la Providence, mon ami ; les riches seraient trop heureux si cette difficulté ne venait compenser les avantages de leur position. »

Cependant, le jour était sur son déclin ; la nuit s'avançait rapidement, et le prince dut quitter son hôte affligé. Repassant dans son esprit, en retournant à la ville, tous les détails de cette triste histoire, plusieurs fois les passants purent l'entendre s'écrier douloureusement pendant le chemin : « *Oh !* » *combien peu d'hommes, avec tout ce qu'il* » *leur faut pour réaliser le bonheur, savent* » *cependant être heureux !* »

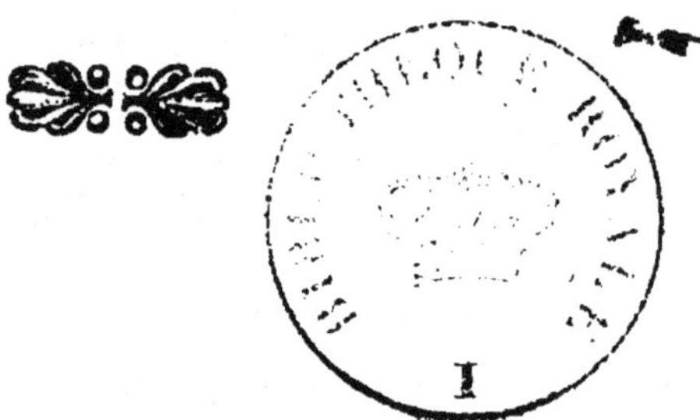

Lille, imp. de L. Lefort. 1840.

Collection de Livrets d'encouragement au travail et à la vertu.

---

30 LIVRETS IN-18, DONT 15 AVEC VIGNETTE.

Les † indiquent les Livrets avec vignette.

Prix : 2 fr. 60 c.

Le vrai moyen d'être heureux.
Le seul remède aux désordres de la société.
1.re Communion d'Edouard.
M. Valbert.
La Religion, protectrice du pauvre.
Prosper.
Les deux Frères.
Danger des mauvaises lectures.
La sanctification du dimanche.
Les deux Soldats.
Le Secours inattendu.
M. de St-Aubin.
Les Vœux changés d'objets.
Pourquoi des riches? Pourquoi des pauvres?
Saint Louis de Gonzague.

† Le petit Paul.
† L'Enfant dans les bois.
† Albert et Léonard.
† L'Orpheline.
† Les véritables Défenseurs du peuple.
† L'Hirondelle.
† L'honnête Homme.
† Nôtre-Dame de Bon-Secours.
† Emile et Edouard.
† Le Chien dans la Seine.
† Thomas Morus.
† La Mère Blanc-d'œuf.
† Ayez pitié du pauvre.
† Michelette ou l'Ange de la prison.
† Julien, le jardinier.

Cette collection est destinée à servir de Livrets de lecture et de récompense aux enfants qui fréquentent les écoles et les catéchismes.

Une histoire courte, intéressante, mise à la portée de leur âge, les amuse, les attache, et laisse dans leur jeune cœur de bons germes, que l'avenir doit développer. Les petits Livrets que nous annonçons rendent, par leur bas prix, cet avantage fort facile à obtenir.

Chaque Livret se vend séparément à tel nombre qu'on désirera. Ceux qui ont vignette et couverture. 10 fr. le cent.
Les autres. . . . . 8 fr. —

On peut s'adresser à tous les Libraires où se trouve la Bibliothèque catholique de Lille.

www.ingramcontent.com/pod-product-compliance
Lightning Source LLC
LaVergne TN
LVHW050220180726
843501LV00013BA/2171